LES
BATONS DANS LES ROUES

VAUDEVILLE EN UN ACTE

PAR

M. THÉODORE BARRIÈRE

REPRÉSENTÉ POUR LA PREMIÈRE FOIS, A PARIS, SUR LE THÉATRE
DU PALAIS-ROYAL, LE 2 OCTOBRE 1854.

DISTRIBUTION DE LA PIÈCE.

FÉLIX CHAMPAGNIEL . . . . MM.	RAVEL.
M. CHANDRÉ, passementier	LHÉRITIER.
M. MANTOIS, propriétaire, oncle de Julie .	AMANT.
HECTOR HERBINET, clerc d'avoué. . . .	LÉVY-SULLY.
M. BOISSOT	PELLERIN.
FRANÇOIS, domestique de madame Prunier.	OCTAVE.
FERRAND, notaire	FERDINAND.
JULIE LEGRAND, jeune veuve. . . . . Mmes	BRASSINE.
MADAME PRUNIER.	DUPUIS.
MADAME CHABANEL	THIERRET.
ANTONINE, sa nièce.	MÉRY.
INVITÉS.	

NOTA. — Toutes les indications sont prises du théâtre — Les personnages sont placés en tête des scènes dans l'ordre qu'ils occupent, c'est-à-dire que le premier inscrit tient la droite. Les changements de position sont indiqués par des renvois.

L'Auteur et les Éditeurs se réservent le droit de représentation, de reproduction et de traduction à l'étranger.

LES BATONS DANS LES ROUES.

UN BAL CHEZ MADAME PRUNIER.

Le théâtre représente un petit salon. — Portes latérales; portes au fond, ouvrant sur un second plan.

SCÈNE Ire.

FRANÇOIS, seul, il dispose une table de jeu.

Là... voilà les tables de jeu préparées... Quand tous ceux qui sont à manger là-dedans en auront jusque là... et que les autres imbéciles seront arrivés, on pourra danser et perdre son argent... Je vous demande un peu... madame Prunier, ma maîtresse, qui a fait une petite fortune dans les papiers Weynen, et qui s'amuse à gaspiller ça pour faire plaisir à un tas de gens plus ridicules les uns que les autres, à commencer par ce M. Mantois... qui nous amène ici une affreuse bête! A-t-on jamais vu !... amener un chien dîner en ville !... Et c'est pour tout ce monde-là que... Ah bien! moi, si j'avais de la fortune, je vivrais avec cinquante francs par mois.

SCÈNE II.

FRANÇOIS, HECTOR.*

HECTOR.

Ah! François! François! je suis enchanté!

FRANÇOIS.

Eh bien! qu'est-ce qu'il y a, monsieur?

HECTOR.

Il y a, François, que je crois que je le tiens.

FRANÇOIS.

Quoi donc, monsieur?

HECTOR.

Mon sonnet... mon... Ah! non, au fait... je ferai un acrostiche sur son nom... Julie... J... J... (Cherchant.) J...J...Jeunesse, élégance et beauté... U... u... un « Je ne sais quoi, qui dans l'âme... » L... l... l... (Avec joie.) ah! « Laisse un parfum de volupté. »

FRANÇOIS, à part.

Est-il bête! mon Dieu! est-il bête!

HECTOR.

J'y suis ; François, j'entre dans le petit boudoir, tu ne me dérangeras pas...

FRANÇOIS

Non, non, soyez tranquille... J'ai bien d'autres chiens à peigner...

(Hector entre à gauche.)

* Hector, François.

SCÈNE III.

FRANÇOIS, seul de nouveau, puis **MADAME PRUNIER**.

FRANÇOIS, qui est retourné au fond.

Ah ! enfin... ils en sont aux liqueurs... ah ! voilà encore madame Chabanel qui pleure... elle est bien drôle, cette femme-là !... on ne peut pas dire un mot que ça ne lui rappelle quelque chose de triste... L'autre fois je lui disais que le beurre était augmenté et elle a pleuré comme une Madeleine. (On entend un bruit de porcelaine cassée.) Patatras ! voilà mademoiselle Antonine, sa nièce, qui vient encore d'avoir une distraction... elle en a plus que jamais aujourd'hui... C'est M. Félix Champagniel qui lui en donne, c'est sûr !... Ah ! voilà les danseurs !

SCÈNE IV.

FRANÇOIS, Quelques Invités, **MADAME PRUNIER**.

MADAME PRUNIER.

Eh bien ! François, on a sonné.

FRANÇOIS.

Eh bien ! madame, on a ouvert.

MADAME PRUNIER.

Ah ! oui, voilà déjà du monde ! (Allant au-devant d'un monsieur et d'une dame.) Que vous êtes aimables d'être venus de bonne heure ! (Appelant.) François !... le manteau de madame ! le chapeau de monsieur !

LE MONSIEUR.

Pardon, madame, je vous demanderai la permission de le garder à la main... Je suis très-enrhumé.

MADAME PRUNIER.

Oh ! ce pauvre monsieur ! voulez-vous quelque chose ?... du bouillon dans du lait ? c'est souverain.

LE MONSIEUR.

Mille grâces, madame ! un peu plus tard.

LA DAME.

Nous sortons de dîner.

(François a pris le pardessus du monsieur et le manteau de la dame.)

MADAME PRUNIER, à une dame.

Débarrassez-vous de votre châle... (Elle le donne à François.— A la dame.) et votre mari ?

LA DAME.

Toujours bien souffrant.

MADAME PRUNIER, sans écouter.

Allons, tant mieux ! (Elle va de l'un à l'autre avec beaucoup d'empressement. — A deux demoiselles.) Prenez patience, le bal commencera dans un instant... nous n'attendons plus que le piano... (Les nouveaux venus ont pris place au fond, les autres entrent par la droite.)

SCÈNE V.

Les Mêmes, M. CHANDRÉ, Julie LEGRAND, Mme CHABANEL, ANTONINE, puis M. MANTOIS, avec son chien.

(Monsieur Chandré donne le bras à madame Chabanel et à Antonine. Madame Chabanel pleure à chaudes larmes.)

CHANDRÉ.

Mon Dieu ! madame Chabanel, je suis désolé... Si j'avais su que le glorieux passage du mont Saint-Bernard pût vous rappeler de fâcheux souvenirs...

MADAME CHABANEL, essuyant ses yeux.

Oh ! je ne vous en veux pas, monsieur... mais le froid qu'il fit alors, m'a rappelé un hiver très-rude...

CHANDRÉ.

Eh bien ?

MADAME CHABANEL.

Eh bien, mon pauvre Benoit n'avait pu se faire ouvrir... il a passé la nuit dehors, et le lendemain matin on l'a trouvé gelé.

CHANDRÉ.

Oh ! c'est affreux ! et ce pauvre M. Benoit était un de vos parents ?

MADAME CHABANEL.

Hélas ! non, monsieur, c'était mon chien.

CHANDRÉ.

Ma foi, madame, j'avais aussi un chien fort joli, mais il était si petit... que je l'ai perdu.

MADAME CHABANEL.

Oh ! vous l'auriez perdu sans cela. (A part.) Il perd tout... il perdrait... je ne sais quoi.

ANTONINE, inquiète, à part.

C'est étrange, monsieur Félix Champagnel ne vient pas... (Elle renverse une chaise à droite.)

FRANÇOIS, à part.

Allons, bon ! voilà qu'elle va recommencer.

ANTONINE.

Ah ! mon Dieu ! je suis désolée.

MADAME PRUNIER.

Laissez donc, ce n'est rien !

CHANDRÉ, à madame Chabanel.

Ma foi, il m'en est arrivé autant dimanche au café du Cirque !

MADAME CHABANEL, avec émotion.

Je vous en prie, monsieur, ne me parlez jamais du Cirque. (Elle essuie une larme.)

CHANDRÉ, à part.

Elle aura aimé un écuyer.

(Madame Prunier va recevoir les nouveaux venus. — Hector sort du cabinet à gauche.)

TOUS.

Ah ! M. Hector !

CHANDRÉ.

Eh bien, M. Herbinet ? et l'inspiration ?

HECTOR, contrarié.

Elle me fuit, c'est étrange !... mais, du reste, il est bien difficile... vous comprenez au milieu du bruit. (Bas à Julie.) Je voulais faire une petite pièce de vers sur notre position... (Avec amour.) je l'eusse appelée la *Quittance de minuit*... Vous savez ce que vous m'avez promis ?

JULIE, un peu sèchement.

Ce que j'ai promis, monsieur, je le tiendrai.

SCÈNE VI.

LES MÊMES, QUELQUES INVITÉS rentrent avec Mme PRUNIER et M. BOISSOT.

MADAME PRUNIER, le présentant.

M. Boissot !...   (On se salue.)

CHANDRÉ, lui serrant la main.

Mon ancien adjudant-major... dans la onzième légion.

BOISSOT.

Seize ans de service, ma foi !

MADAME PRUNIER, à Boissot.

Eh bien ! coureur, d'où venez-vous encore ? de quelque première représentation, sans doute ?

BOISSOT.

Précisément, belle dame... c'est mon plus grand plaisir !... Vous comprenez, je suis garçon, je n'ai pas d'intérieur... J'ai arrangé ma vie au dehors... et, tenez, j'ai trouvé un moyen ingénieux...

CHANDRÉ, bas.

Allons, bon ! il va commencer ses histoires !

BOISSOT.

Je ne suis pas assez riche pour aller au spectacle tous les jours, en dînant au restaurant ; eh bien, je dîne chez mes amis, et, avec l'argent de mon dîner, je vais à la comédie... Eh ! eh ! du reste, aujourd'hui... (Azor s'élance vers madame Prunier.)

MANTOIS, criant.

Azor ! Azor ! (Il entre.)

BOISSOT.

C'est inconvenant !... on ne coupe pas un récit pour un chien !

MANTOIS.

Je vais l'attacher.

CHANDRÉ.

Silence ! silence ! monsieur racontait une affaire. (A Boissot.) Continuez donc.

BOISSOT.

Mais je ne sais plus où j'en étais !...

CHANDRÉ.

Vous en étiez là !

BOISSOT.

Oui, je disais qu'aujourd'hui... j'avais regretté mes quatre francs !... J'étais allé au Palais-Royal... on donnait un petit acte... mais ça ne m'avait pas l'air amusant... Je vois ça tout de suite, moi... l'habitude !... J'ai quitté la place après l'exposition... et je suis allé voir aux Français un acte des *Fâcheux*, de Molière. (A Hector.) Aimez-vous Molière ?

HECTOR.

Mais oui, mais oui.

BOISSOT, avec indulgence.

Eh bien, ma foi !... moi aussi.

CHANDRÉ.

Il entend bien la charpente d'une pièce.

BOISSOT.

Ah ! et puis il a du mot.

HECTOR.

Ses vers riment bien.

MANTOIS.

Oui d'un bout à l'autre !

BOISSOT.

Et même je trouve que l'on est quelquefois un peu sévère pour lui... Ainsi, l'autre jour, un de mes amis, homme de beaucoup d'esprit d'ailleurs, s'exprimait ainsi dans un article fort remarquable du reste, à propos d'une pièce nouvelle... Tenez, j'ai retenu ce passage : « Cet ouvrage est une protestation éner-« gique et victorieuse contre le classisme monotone et infécond « de Molière. » (Avec indulgence.) Je crois que c'est aller trop loin.

MANTOIS ET CHANDRÉ.

Allons ! allons ! c'est aller trop loin.

ANTONINE.

Que disait donc l'exposition de la petite pièce que vous avez vue au Palais-Royal ?

BOISSOT.

Ah ! je ne sais plus... Il s'agissait d'une jeune veuve, je crois, qui avait juré à un petit monsieur qu'elle l'épouserait, si, l'année expirée et au dernier coup de minuit, elle n'avait pas fait choix d'un autre époux...

HECTOR, à part.

Tiens, tiens, tiens !

SCÈNE VI.

BOISSOT.

Une pointe d'aiguille, quoi !... Je vois la pièce d'ici... la jeune veuve a un souvenir dans le cœur...

HECTOR, à part.

Grand Dieu !

BOISSOT.

Elle a cherché en vain le héros de quelque bizarre aventure.

HECTOR, bas à Julie.

Il serait vrai !

JULIE, de même.

Peut-être !

BOISSOT.

Et au dernier moment elle le retrouve... et l'imbécille est évincé...

HECTOR, avec colère.

Monsieur !

BOISSOT.

Qu'est-ce que vous avez donc ?

HECTOR, à part.

Evincé ! évincé !... c'est ce que nous verrons... (Bas à Julie.) Comme cela, madame, ce que dit M. Boissot serait notre histoire ?

JULIE.

Je suis bien forcée de l'avouer.

HECTOR.

Mais votre héros, vous ne l'avez pas retrouvé ?

JULIE.

Ah ! vous êtes trop indiscret.

HECTOR, à part.

Oh ! n'importe ! il est déjà dix heures un quart, et j'aurais bien du malheur si...

(On apporte le thé.)

MADAME PRUNIER.

Mesdames, une tasse de thé !

(François a pris un plateau des mains d'un autre domestique ; il le dépose sur un guéridon à gauche. —Une table de jeu, au fond, à droite, se garnit.— On sert et prend le thé.)

MADAME PRUNIER.

Dites donc, Julie, savez-vous qu'en effet cette histoire est tout-à-fait la vôtre ?

JULIE.

Oui.

MADAME PRUNIER.

Et c'est que vous l'avez retrouvé, votre jeune noyé... mais vous ne m'avez pas raconté ?...

JULIE.

Plus tard.

MADAME PRUNIER.

Et, grâce à votre incognito, vous l'avez bien examiné tout à votre aise.

JULIE.

Oui, et, décidément, il est fort bien.

MADAME PRUNIER.

Mais alors, permettez... je ne comprends pas... hier, vous vous décidez à lui faire tenir un avis anonyme par lequel on l'informe qu'il aura le bonheur de vous rencontrer au bal chez moi... Il vient plein d'espoir... il est d'une gaîté folle pendant tout le dîner...

JULIE, un peu piquée.

Il a même embrassé mademoiselle Antonine.

MADAME PRUNIER continuant.

Et, au dessert, vous me forcez de lui dire que vous ne viendrez pas.

JULIE.

Laissez-moi faire... soyez assez bonne seulement, pour me prévenir quand mon notaire, M. Ferrand, sera arrivé. Songez qu'il est déjà dix heures et demie.

MADAME PRUNIER.

Oui, oui...

ANTONINE, une tasse de thé à la main.

Il ne vient pas... où peut-il être ?

MADAME CHABANEL, refusant du thé.

Merci ! le thé Péko me rappelle un pauvre petit cousin qui était dans la marine... (Elle pleure.)

ANTONINE, rêveuse.

M. Félix est peut-être parti. (Elle veut remettre sa tasse sur un meuble et la met à côté. — Tout-à-coup un grand mouvement s'opère, c'est le chien de M. Mantois qui a sauté sur la table où l'on prend le thé pour atteindre une assiette de gâteaux.)

MADAME PRUNIER.

Ce n'est rien, ce n'est rien ! jolie petite bête !... Tiens, mon ami... (Elle met l'assiette par terre devant le chien.)

FRANÇOIS, à part, haussant les épaules

Ah ! mon Dieu !

(On entend un piano dans le fond.)

MADAME POIRIER.

Allons, messieurs, vous entendez le signal. La main aux dames.

CHŒUR.

Air de Mangeant.

Amis fidèles du plaisir,
Qu'à le saisir
Ici chacun s'apprête !
A cette fête
Hâtons-nous de courir.

(Tout le monde sort. — Le chien échappe à Mantois et s'élance dans le fond.)

FRANÇOIS.

Allons, bon! il va danser maintenant... Ah! quel drôle de monde!

SCÈNE VII.

FRANÇOIS, puis aussitôt FÉLIX.

FRANÇOIS, quand il est seul va regarder sous chaque flambeau; avec dédain.

Ah! ben oui! ah! quelles petites gens!... (Il souffle une bougie sur deux.) Allez donc! (Même jeu.) Allez donc!... (De même.) Et allez donc! il n'y a pas besoin de tant de luminaire pour ces gens-là, ça se couche sans chandelle... Ah ça! qu'est-donc devenu monsieur Félix Champagniel? est-ce qu'il serait parti? oh! ce n'est pas possible, son chapeauu et son talma sont là, au vestiaire... ah! le voilà!

(Félix arrive précipitamment par la gauche, il semble chercher quelque chose ; ainsi il essaie l'un après l'autre plusieurs chapeaux, qui sont ou trop petits ou trop grands, puis il va à la chambre de droite, et disparait un instant.) *

FRANÇOIS.

Eh ben? quest-ce qu'il a donc?

FÉLIX, dans le cabinet.

Mais sapristi! on m'a donc chipé mon chapeau?

FRANÇOIS, regardant.

Oh! comme il brutalise les effets!

FÉLIX.

Et mon talma... je veux mon talma... (Il rentre en scène avec une brassée d'habits de toutes sortes et de chapeaux de tous les sexes. — Jetant le tout à terre.) Comme ça je trouverai peut-être...

FRANÇOIS.

Ah! mon Dieu, monsieur, que faites-vous donc?

FÉLIX.

Je cherche mes frusques. (Il s'agenouille à terre et se met à trier les objets.)

FRANÇOIS, éclatant de rire.

Ah! ah! ah! ah! monsieur, vous avez l'air d'un marchand de vieux habits.

FÉLIX.

C'est vrai!... (Prenant un vieux paletot.) Ils sont mal mis, les invités... (Inspectant le paletot à la façon des revendeurs; regardant les coutures, les manches etc. à François.) Qu'est-ce que tu veux de ça?... je t'en donne quarante sous... (Il jette le paletot de côté et prend un manteau de femme.) Je ne prête rien là-dessus. (Prenant autre chose.) Un plaid écossais, il vaut trois francs, je t'en

---

* François, Félix.

donne quinze à cause de l'alliance anglaise... (Jetant tout en tas.) Je te donne vingt francs si tu me rends mon talma et mon gibus (Il se lève.)*

FRANÇOIS, ramassant les effets.

Mais pourquoi donc voulez-vous vos affaires ?

FÉLIX.

Pourquoi ?... mais pour les remporter... est-ce qu'on les garde ?... si c'est l'habitude de la maison...

FRANÇOIS, qui a reporté le tout dans le cabinet.

Non... je demande à monsieur si c'est qu'il veut s'en aller déjà...

FÉLIX.

Mais oui... mais oui... qu'est-ce que tu veux que je fasse ici ? puisqu'elle ne viendra pas...

FRANÇOIS.

Qui ça ? elle...

FÉLIX.

Si tu crois que j'étais venu pour ton mauvais dîner et pour ton stupide post-scriptum... on dansera... tu te trompes joliment. **

FRANÇOIS.

Cependant, monsieur...

FÉLIX, continuant.

Est-ce que tu trouves que je n'ai pas été assez gentil déjà ?... quand je pense que j'ai fait des frais pour tous ces gens-là... que j'ai mis mon amabilité des dimanches... pour la petite veuve, je ne le regretterais pas... si elle n'avait pas d'amour pour ce monsieur qui fait des vers... mais pour les autres !... (Avec colère.) Ça ne s'est jamais vu, ça...*** cette madame Prunier qui me laisse tirer mon feu d'artifice et qui me dit après que la fête est remise, c'est dégoûtant ! j'en suis pour ma pyrotechnie... le mot n'est pas de moi, il est d'un homme d'esprit, du *Siècle*... (Se reprenant.) non, de la *Patrie*.

FRANÇOIS.

Monsieur, je ne comprends pas...

FÉLIX, criant.

Je te dis que je veux m'en aller... qu'on me donne mon Gibus et mon talma... ou bien qu'on me les rende en argent.

FRANÇOIS.

Restez encore...

FÉLIX.

A quoi bon ?... puisque je te dis qu'il ne viendra pas...

FRANÇOIS.

Il ?... vous disiez elle... tout-à-l'heure.

* Félix, François.
** François, Félix.
*** Félix, François.

FÉLIX.

Il ou elle... c'est la même chose... elle, c'est mon adorable inconnue... il... c'est mon sauveur, mon terre-neuve.

FRANÇOIS.

Mais, monsieur...

FÉLIX, criant plus fort.

Je veux la clé des champs et celle de mon domicile... je veux mon mackintosch... je veux m'en aller!

SCÈNE VIII.

Les Mêmes, MADAME PRUNIER.

MADAME PRUNIER.*

Nous quitter! y pensez-vous! quand le bal commence à peine...

FÉLIX.

Ah! c'est vous madame... soyez assez bonne pour user de votre influence afin de me faire restituer...

MADAME PRUNIER.

Je ne vous lâche pas ainsi... monsieur. François, allez dire au portier de ne laisser sortir personne...

FRANÇOIS.

Oui, madame... (Il sort.)

FÉLIX.

Ah! ça, mais je ne suis pas dans un bal... je suis dans une souricière.

MADAME PRUNIER.

Ah! vous n'êtes pas galant, monsieur...

FÉLIX.

Non, madame, je suis en colère...

MADAME PRUNIER.

Je ne suis pourtant pas cause de ce qui vous arrive.

FÉLIX.

Comment, vous n'en êtes pas cause? (Par réflexion.) Ah! au fait, non, mais c'est égal, il faut bien que je m'en prenne à quelqu'un, n'est-ce pas? c'est assez juste.

MADAME PRUNIER.

Mais je suis votre amie, moi...

FÉLIX.

Eh bien! donnez-m'en une preuve... tirez un ressort, faites une invocation, ce que vous voudrez, mais qu'elle paraisse tout de suite...

MADAME PRUNIER, riant.

Ah! je ne puis faire cela.

FÉLIX.

Alors, vous n'êtes pas mon amie...

* Félix, madame Prunier, François.

MADAME PRUNIER, à demi-voix.

Ah ! ça, vous l'aimez donc bien ?

FÉLIX.

Si je l'aime !... parbleu ! j'en deviens stupide !

MADAME PRUNIER.

Vraiment ?

FÉLIX.

Aussi, il n'y a pas à dire... il faut que je le retrouve, lui...

MADAME PRUNIER.

Comment ? lui ?

FÉLIX.

Oui, mon terre-neuve, ma jolie baigneuse.

MADAME PRUNIER.

Jolie ? qu'en savez-vous ?

FÉLIX.

Est-ce qu'on se baigne en pleine mer quand on est laide ?... est-ce qu'il ne faut pas être moulée pour oser s'affubler de cet affreux costume tabac d'Espagne ?

MADAME PRUNIER.

Mais enfin, comment vous est donc arrivée cette histoire bizarre !

FÉLIX.

Et charmante ! (Appuyant.) et charmante...

MADAME PRUNIER.

Soit ! enfin ! contez-moi donc...

FÉLIX.

Non, ça ne vous amuserait pas... vous êtes-vous noyée quelquefois ?

MADAME PRUNIER, riant.

Jamais !

FÉLIX.

Alors, ça ne vous amuserait pas.

MADAME PRUNIER.

Ça m'intéresserait du moins.

FÉLIX.

Eh bien !... connaissez-vous, Trouville ?

MADAME PRUNIER.

Pas le moins du monde.

FÉLIX.

Ah !... ça ne fait rien du tout... la topographie de cette plage est complètement inutile à l'intelligence de mon récit... d'autant plus que ça s'est passé à Étrétat... Figurez-vous donc que j'avais été faire une petite promenade en mer... j'étais dans une simple coquille de noix avec un simple pêcheur qui au lieu de veiller à la manœuvre, s'amusait à lire les *Guêpes* d'Alphonse Karr.

MADAME PRUNIER.

Bah !

* Madame Prunier, Félix.

SCÈNE VIII.

FÉLIX.

Avez-vous lu les *Guêpes*?

MADAME PRUNIER.

Non !

FÉLIX.

Eh bien, lisez-les... (Continuant.) J'étais donc dans ma coquille... Depuis quelques minutes, le vent semblait s'élever, mais je ne voulais pas laisser voir mes appréhensions et je me tenais coi... seulement, mes craintes augmentaient d'instant en instant, à mesure que l'air fraîchissait davantage, et que le ciel se couvrait un peu plus... d'autant qu'à une certaine distance, un demi-quart de lieue environ... je voyais quelque chose de sombre qui roulait d'une vague sur l'autre... il n'y avait pas à en douter, c'était un monstre marin qui, prévoyant le capotage qui nous attendait, se hâtait de nous rejoindre pour nous recevoir dans son sein... (Frissonnant.) A ce souvenir, je sens des écailles sur tout mon corps... tout-à-coup, l'orage éclate, une rafale nous prend en travers, et v'lan, notre coquille se renverse sens dessus dessous, en nous emportant tous les trois, le matelot, Alphonse Karr et moi... seulement, j'avais été lancé à quelque distance, tandis que mon pilote littéraire était resté attaché à son banc, la tête en bas, bien entendu... je ne sais pas s'il lisait toujours, mais le fait est qu'il ne venait pas à mon aide et que je barbottais !...

MADAME PRUNIER.

Vous ne savez donc pas nager ?

FÉLIX.

Pardon, je sais maintenant... mais à cette époque, je ne savais que la tenue des livres... je barbottais donc follement et pour comble d'horreur, l'affreux cachalot n'était plus qu'à quelques brasses de moi... je le voyais glisser entre deux eaux avec la rapidité d'une flèche... et je ne pouvais distinguer sa tête de sa queue. Je supposais seulement que la tête était en avant, ce qui doublait mes inquiétudes.

MADAME PRUNIER.

Après?...

FÉLIX.

Après !... je perdis connaissance au moment où le monstre m'avalait un bras... (Avec intention.) Je l'avais cru du moins, car depuis j'ai reconnu que j'avais mon compte...

MADAME PRUNIER.

Enfin...

FÉLIX.

La nuit était venue... je distinguais à peine les objets qui m'entouraient, cependant je crus voir mon poisson agenouillé devant moi !... Dans mon ivresse, car j'avais bu outre mesure, il me sembla que le monstre marin avait de beaux yeux bleus et de grands cheveux noirs, et même qu'il poussait des petits cris de désespoir, en plaçant ses blanches nageoires sur mon cœur... il ne battait pas sans doute, car une seconde après, mon sauveur avait recours à une autre épreuve pour s'assurer de mon existence... je sentis alors une petite joue fraîche et ronde qui, s'approchait de mes lèvres, et... je l'avoue!... la situation était si nouvelle pour moi, que, quoique à moitié évanoui, ma foi !... le monstre généreux eut la preuve que mes lèvres n'étaient pas closes pour toujours.

MADAME PRUNIER.

Oh ! monsieur!...

FÉLIX, s'excusant.

Oh ! je croyais que c'était un poisson... mais enfin j'avais dépensé mes dernières forces pour cette action coupable, et je m'évanouis tout-à-fait.

MADAME PRUNIER.

Mais votre inconnue ?

FÉLIX.

Partie, hélas! partie, sans attendre mes remerciements.

Air *de partie carrée*.

Poisson volant ! syrène disparue,
Je ne sais plus dans quels flots te chercher,
J'ignore encor le numéro, la rue
Où tes appas sont allés se nicher ;
Reviens ! reviens ! ô charmante amphibie !
Toucher ta prime au sein de mes parents,
Car sans compter que je te dois la vie,
Je te dois vingt-cinq francs.

MADAME PRUNIER.

Ce pauvre monsieur Champagniel!

FÉLIX, avec colère.

Et c'est quand je touchais au moment tant désiré, quand je croyais pouvoir me jeter au cou de mon joli terre-neuve, que vous êtes venue me désespérer en me disant... (Criant.) Rendez-moi mon chapeau.

MADAME PRUNIER, à part.

Pauvre garçon ! (Haut.) Voyons, patientez encore un peu.

FÉLIX.

Patienter ! pourquoi faire ? moi, je m'ennuie... (Vivement.) Quand vous n'êtes pas là... il n'y a qu'une jolie femme céans... (Vivement.) sans vous compter... Elle aime un imbécille !... et elle doit l'épouser !... je veux donc m'en aller !... Mon chapeau, s'il vous plaît...

SCÈNE IX.

LES MÊMES, FRANÇOIS.

FRANÇOIS.

Madame, monsieur le notaire vient d'arriver...

* Félix, madame Prunier.
** Félix, madame Prunier, François.

MADAME PRUNIER.

C'est bien... je vais prévenir Julie. (François sort.)

FÉLIX.

Ils vont signer leur contrat entre deux quadrilles, je ne veux pas voir ça... c'est trop bête... (Il remonte.)

MADAME PRUNIER.

Monsieur Félix, espérez... je ne vous dis que cela : espérez encore !

FÉLIX.

Bien... bien... madame, ceci est mon affaire ; mais en attendant, ayez la bonté de me faire rendre...

MADAME PRUNIER.

Je m'y refuse absolument... dans votre intérêt...

FÉLIX.

Par exemple !...

MADAME PRUNIER.

Dans votre intérêt !

FÉLIX.

Mais...

MADAME PRUNIER, un doigt sur sa bouche.

Silence ! (Elle disparaît.)

SCÈNE X.

FÉLIX, seul, puis UN NOTAIRE, puis HECTOR.

FÉLIX, la suivant.

Plaît-il ?... comment ?... veuillez me dire ?... (Appelant.) Madame !... madame !... (Redescendant.) Qu'est-ce qu'elle chante !... ah ! je comprends ! c'est un leurre !... c'est pour me faire rester. On a besoin de danseurs, et elle veut me faire payer mon dîner. Ah ! elle s'imagine... ah ! tu t'imagines que je vais me faire l'esclave de ton stupide post-scriptum : on dansera ; plus souvent !... Ah ! elle me force à rester !... eh bien ! je vais me venger sur tous ses crétins d'invités !... je vais... (Voyant un monsieur en noir qui a l'air de chercher quelqu'un.) Qu'est-ce que c'est que celui-là ?... habit noir râpé, cravate blanche... ça doit être le notaire, le Ferrand... Attends, toi !... (L'arrêtant.) Pardon, monsieur, n'êtes-vous pas notaire ? *

LE NOTAIRE.

Oui, monsieur.

FÉLIX.

Arrivez-donc, monsieur, madame Legrand vous attend depuis deux heures.

LE NOTAIRE.

En effet.

FÉLIX.

C'est à dire, elle vous a attendu !... mais elle est partie.

* Félix, le notaire.

LE NOTAIRE.

Partie !

FÉLIX.

Elle vous attend chez elle, maintenant.

LE NOTAIRE.

Comment ! rue Neuve-des-Mathurins.

FÉLIX.

Hein ?... ah ! oui, rue Neuve-des-Mathurins... Courez vite, monsieur, c'est très-pressé.

LE NOTAIRE, tirant sa montre.

Je crois bien ! il est déjà dix heures trois quarts.

FÉLIX.

Eh bien ?

LE NOTAIRE.

Eh bien ! passé minuit...

FÉLIX.

Quoi ! passé minuit ?

LE NOTAIRE.

Il sera trop tard.

FÉLIX.

Trop tard ?...

LE NOTAIRE.

Je cours... adieu ... (Il disparaît.)

FÉLIX.

Qu'est-ce qu'il veut dire ?... Enfin !... (Criant à la porte.) Avez-vous une voiture ?... — Oui !... — Alors, crevez vos chevaux !... (Il le pousse à gauche, redescendant.) Là ! et d'un !... Ah ! on veut me faire rester !...*

HECTOR.

Monsieur, vous n'avez pas vu madame Legrand ?

FÉLIX, apercevant Hector.

Bon ! à un autre.

HECTOR.

On m'a dit qu'elle me cherchait.

FÉLIX, très-agité.

Mais certainement, monsieur... où diable vous cachiez-vous ? elle est furieuse !

HECTOR.

Mais où est-elle donc ?

FÉLIX.

Eh ! parbleu ! elle est partie !

HECTOR.

Partie !...

FÉLIX.

Elle va chez son notaire.

HECTOR.

Comment ! rue de l'Odéon !

* Hector, Félix.

SCÈNE XI.

FÉLIX.

Oui, oui, rue de l'Odéon... c'est pour votre contrat.

HECTOR.

Évidemment !

FÉLIX.

Heureux gaillard !... allez vite !... passez par le petit escalier, c'est plus court !

HECTOR.

Merci ! (Il se sauve.)

FÉLIX, riant.

Eh ! allez donc !... ils vont jouer au chat toute la nuit... Ah ! on m'a fait rester !...

Air de Mangeant.

Pour moi ce bal eut offert peu d'appas !
J'aime bien mieux, en cette circonstance,
Me moquer d'eux, et je vais de ce pas,
Leur rire au nez en pleine contredanse.
Je ne veux pas que d'autres soient heureux,
Puisqu'aujourd'hui, de moi le sort se joue,
   Malheur d'abord aux amoureux !
   Quand la fortune leur sourit, je veux
   Fourrer des bâtons dans sa roue !

SCÈNE XI.

FÉLIX, JULIE.

(Julie entre par le fond et va regarder à droite à travers les carreaux de la fenêtre.)

FÉLIX, l'apercevant.

Ah ! la petite veuve !

JULIE, à part.

C'est étrange !... ce monsieur Ferrand qui ne vient pas....

FÉLIX.

A son tour !...

JULIE, l'apercevant.

Monsieur Félix !... pauvre garçon !... il était là tout pensif !

FÉLIX.

A son tour de me faire passer un instant agréable.

JULIE, à part

S'il savait que son héroïne d'Etretat est si près de lui !

FÉLIX, s'approchant.

Madame, vous semblez inquiète ?... vous attendez quelqu'un ?

JULIE.

En effet.

* Félix, Julie.

FÉLIX.

Monsieur Hector, peut-être?... Ah! bien, madame, il est allé, je crois, finir ses vers dans le bois de Boulogne, au bord du lac.

JULIE, étonnée.

Monsieur...

FÉLIX.

Oh! rassurez-vous, madame... il n'y a presque pas d'eau.

JULIE.

Cette plaisanterie...

FÉLIX.

Pardonnez la moi, je vous prie, en faveur de mon aversion pour ce jeune poète de la basoche.

JULIE, à part.

Ah! je le croyais moins gai.

FÉLIX.

Il n'est pas joli votre fiancé, madame!

JULIE.

Mais...

FÉLIX.

Allons, allons!... il n'est pas joli!... et puis, je suis sûr qu'il doit être d'un commerce désagréable... (Mouvement de Julie.) Ah! vous avez bien tort de l'épouser, allez!

JULIE, souriant.

Et si je ne l'épousais pas?

FÉLIX.

Oui, mais vous l'épousez, et vous verrez comme c'est ennuyeux un avoué... D'abord, ça loge presque toujours dans de vilaines maisons, ça a de vieux meubles et une mauvaise nourriture... j'ai remarqué ça... un avoué, ça lit le code en mangeant, et ça travaille la nuit... ça ne parle que d'appels et ça sent le vieux papier... votre avoué de mari sera toujours fourré au Palais, et quand vous aurez été bien sage, il vous emmènera avec lui, à la caisse des consignations... et encore vous l'attendrez à la porte... voilà votre avenir!

JULIE.

Voulez-vous me permettre de placer un mot?

FÉLIX.

Vrai, vous ne pouvez pas épouser... ça ne vous convient pas!... il y a des femmes faites exprès pour ça... on vient au monde femme d'avoué, c'est positif!

JULIE, commençant à s'impatienter.

Mais, puisque je veux bien vous dire, monsieur, que...

FÉLIX.

On n'épouse un avoué...

JULIE.

Ah! (Elle lui tourne le dos.)*

* Julie, Félix.

SCÈNE XI.

FÉLIX, continuant.

Que dans les comédies!... quand on a un père barbare ou un oncle idiot, ou bien, dans la vie, quand on a une jambe plus courte que l'autre.

JULIE.

Pardon, mais...

FÉLIX, lui barrant la route.

Eh bien! vous n'êtes pas dans ce cas là, vous, madame... vous êtes libre, votre oncle est peut-être idiot, il en a tous les symptômes, mais il n'a pas de droits sur vous, et enfin, vous avez les deux jambes de la même longueur, je le crois, du moins, et jusqu'à plus ample informé...

JULIE.

Plaît-il?

FÉLIX.

Air :

Me trompé-je?... prouvez-le moi,
Je veux, je le promets d'avance,
De Pâris, acceptant l'emploi,
Juger la chose en conscience.
Mais, vos jambes, je le soutiens...

JULIE, frappant du pied.

Vous me feriez mettre en colère!
Car, j'ai les jambes, j'en conviens,
Mieux faites que le caractère.

FÉLIX.

Je vous ennuie, n'est-ce pas, madame?... eh bien! je ne suis pourtant qu'un homme, jugez un peu ce que ce sera avec un avoué!

JULIE, éclatant.

Mais... bavard que vous êtes!...

FÉLIX.

Ah! des épithètes!

JULIE.

Puisque voilà une heure que je vous dis que je n'épouse plus d'avoué!

FÉLIX.

Alors, qui donc épousez-vous?

JULIE.

Attendez... vous le verrez.

FÉLIX.

Faudra-t-il attendre encore longtemps?... ça sera-t-il célébré de bonne heure?

JULIE, piquée.

Ah! monsieur, j'y ai mis beaucoup de patience, mais, en vérité, vous avez l'air de vous moquer de moi!

FÉLIX.

Ah ! madame, vous ne le croyez pas... mais je vous avouerai que je n'ai pas grande confiance dans votre nouveau choix.

JULIE, se montant peu à peu.

C'est fâcheux, vraiment.

FÉLIX.

Je suis sûr que vous aurez encore tiré un mauvais numéro.

JULIE.

C'est bien possible.

FÉLIX.

Le nouveau ne vaut peut-être pas seulement l'ancien.

JULIE.

Ma foi !...

FÉLIX.

Je parie que c'est quelque garçon ridicule... pas joli non plus...

JULIE.

Mais, pas trop en effet.

FÉLIX.

Ennuyeux comme la pluie.

JULIE, éclatant.

Eh bien ! franchement, c'est vrai !

FÉLIX.

Là ! vous voyez bien !... mais, il est encore temps de...

JULIE.

Certainement.

FÉLIX.

Croyez-moi, renoncez à lui !

JULIE.

Mais j'y renonce !

FÉLIX.

Sans regret ?

JULIE.

Oh ! sans regret ! il est trop insupportable.

FÉLIX, riant.

Comment le savez-vous ?

JULIE.

Par tout ce que vous m'avez dit.

FÉLIX, riant.

Mais je ne le connais pas !

JULIE.

Oh ! que si !

FELIX.

Bah !

JULIE.

Et vous lui avez rendu pleine justice... j'avais gardé de lui un souvenir assez agréable... un instant, je l'avais cru bien élevé, un peu spirituel, digne de moi, enfin !

SCÈNE XI.

FÉLIX.

Eh bien ?

JULIE.

Eh bien ! je m'étais trompée, car il est agaçant, insoutenable !

FÉLIX, riant, à part.

Ah ! ça, mais, elle est toquée !

JULIE.

Et, prenez-y garde, monsieur, en voulant nuire aux autres, on se nuit bien souvent à soi-même !

FÉLIX, étonné.

Plaît-il ?

JULIE.

Et en parlant ainsi, pour ne rien dire, on risque de donner aux gens des attaques de nerfs !...

FÉLIX.

Si j'avais su... je vous eusse raconté Riquet à la houppe.

JULIE.

Vous l'eussiez raconté fort mal, monsieur.

FÉLIX.

Pourquoi ça, madame ?

JULIE.

Parce que Riquet a de l'esprit !

FÉLIX.

Eh bien ! madame, qui vous dit que je suis un imbécille ?... vous me connaissez à peine.

JULIE.

Oh ! je vous connais assez, monsieur...

FÉLIX.

C'est-à-dire trop ?

JULIE.

Peut-être !... êtes-vous content, monsieur ?

FÉLIX, riant.

Enchanté ! madame...

JULIE.

Eh bien ! je ne vous désenchanterai pas... adieu, monsieur.

FÉLIX.

Adieu, madame...

ENSEMBLE.

JULIE, à part.

Air :

Quand je songeais à prendre un tel mari,
En vérité, je crois que j'étais folle,
Mais, Dieu merci, j'ai gardé ma parole,
Et compte bien ne plus penser à lui !

FÉLIX, à part.

Puisqu'on me force à demeurer ici,
Tant pis pour eux, je veux sur ma parole,
Qu'avant le jour, chaque femme soit folle,
Et chaque époux tout-à-fait abruti !

(Julie sort.)

SCÈNE XII.

FÉLIX, puis MADAME PRUNIER.*

FÉLIX, étouffant de rire.

Ah ! ah ! ah ! j'espère qu'elle doit me trouver bête... eh bien ! à la bonne heure, au moins je m'amuse, moi !... ah ! on m'a fait rester... à d'autres maintenant !

MADAME PRUNIER.

Ah ! monsieur Félix !... vous n'avez pas vu ?

FÉLIX.

Le notaire et monsieur Herbinet ? si ! si !... (Riant.) Je les ai même envoyés tous les deux très-loin...

MADAME PRUNIER.

Que dites-vous ?

FÉLIX.

Une farce, pour tuer le temps !... c'est comme tout à l'heure avec votre petite veuve.

MADAME PRUNIER, inquiète.

Eh bien ?

FÉLIX, riant.

Je lui en ai dit de toutes couleurs, elle est sortie furieuse !

MADAME PRUNIER.

Ah ! malheureux ! qu'avez-vous fait ?

FÉLIX.

Quoi donc ?

MADAME PRUNIER.

Mais Julie...

FÉLIX.

Après ?...

MADAME PRUNIER.

C'est votre inconnue !

FÉLIX.

Mon terre-neuve !... ah ! sapristi !...

MADAME PRUNIER.

Eh bien ! vous voilà gentil !... demain, elle doit épouser monsieur Hector si, ce soir, à minuit, elle n'a pas fait choix d'un autre époux...

FÉLIX.

Minuit ! ce soir !... c'est donc ça que le notaire... et cet autre époux ?...

* Félix, madame Prunier.

MADAME PRUNIER.
Ce devait être vous... mais après ce qui s'est passé...
FÉLIX, furieux.
Nom d'un chien !... mais pourquoi donc cherchait-elle son notaire ?
MADAME PRUNIER.
Mais pour reprendre sa parole, et se dégager...
FÉLIX.
En ma faveur ?
MADAME PRUNIER.
Certainement... mais vous n'avez pas voulu m'écouter, et vous avez fait des bêtises.
FÉLIX.
J'ai fait des bêtises, c'est entendu... mais on peut les réparer.
MADAME PRUNIER.
Essayez...
FÉLIX.
Vous ne voulez pas m'y aider...
MADAME PRUNIER.
Ma foi non !... vous êtes trop maladroit.
FÉLIX.
Ma chère madame Prunier...
MADAME PRUNIER.
Laissez-moi tranquille ! arrangez-vous !...
FÉLIX, la suivant.
Vous êtes sans pitié, madame Prunier !... vous êtes... (Redescendant.) Nom d'un petit bonhomme ! mais je suis enfoncé moi !... (Tirant sa montre.) Dix heures cinquante-trois... soixante-sept minutes pour me faire pardonner et adorer ! ce n'est guère... allons !... allons !... il faut que je rejoigne mon terre-neuve !... que je le calme n'importe comment !... (Il va s'élancer.)

SCÈNE XIII.

FÉLIX, CHANDRÉ.*

(Félix se cogne contre Chandré qui entrait en cherchant à terre avec une bougie.)

FÉLIX.
Oh ! pardon !
CHANDRÉ.
Ah ! monsieur, vous n'avez pas trouvé une épingle.
FÉLIX.
Non, monsieur... (Il veut sortir.)
CHANDRÉ.
Monsieur, je vous en prie, aidez-moi à la chercher...
FÉLIX.
Est-ce que j'ai le temps ?... tenez, en voilà une autre... (Il lui donne une épingle qu'il a prise à un pelote.)

* Félix, Chandré.

CHANDRÉ.

Mais, monsieur, c'était une épingle d'un grand prix.

FÉLIX.

Eh bien ! qu'est-ce que vous voulez que j'y fasse ?

CHANDRÉ.

Attendez, tenez... éclairez-moi un peu. (Il lui donne la bougie et regarde sous la table.) *

FÉLIX.

L'avez-vous ?

CHANDRÉ, désolé.

Non ! c'est terrible !... un diamant, monsieur, avec de petites perles ! ça me venait de ma femme.

FÉLIX.

Vous mettrez dans les petites affiches.

CHANDRÉ.

Ah ! nous n'avons pas regardé sous ce canapé...

FÉLIX.

Eh bien ! regardez-y... ** (Il l'éclaire.)

CHANDRÉ.

Un peu plus haut !... (Félix hausse le flambeau.) Non ! un peu plus bas !... (Même jeu.)

FÉLIX.

Trouvez-vous ?

CHANDRÉ.

Non ! rien ?

FÉLIX.

Allons ! elle est perdue ! (Il veut sortir.)

CHANDRÉ, lui barrant le passage. ***

Mais monsieur, savez-vous que cette épingle valait au moins douze cents francs ?

FÉLIX, avec incrédulité.

Oh !

CHANDRÉ.

Comment, oh !... vous l'avez donc vue ?... vous l'avez peut-être ? je vous en prie, ne me faites pas de farce !...

FÉLIX.

Hein ?

CHANDRÉ.

Rendez-la moi !... je vous dis qu'elle me vient de ma femme.

FÉLIX.

Mais je ne l'ai pas, sacristi !

CHANDRÉ, le retenant par le bras.

Voyons ! il ne faut pas jouer avec les objets de valeur.

* Chandré, Félix.
** Félix, Chaudré.
*** Chaudré, Félix.

SCENE XIII.

FÉLIX.

Mais je n'ai pas d'objet à vous... (Il veut se dégager.)

CHANDRÉ, même jeu.

Ah! je suis bien content qu'elle soit tombée entre vos mains !

FÉLIX.

Voyons !... lâchez-moi...

CHANDRÉ, même jeu.

Parce que, vous comprenez... les femmes ne veulent jamais croire qu'on a perdu un bijou.

FÉLIX.

Voulez-vous me lâcher ?

CHANDRÉ.

Et madame Chandré qui est très-jalouse...

FÉLIX.

Mais, lâchez-moi donc, sapristi ! (Il se dégage.)

CHANDRÉ, tendant la main.

Eh bien ! rendez-moi...

FÉLIX, criant.

Mais je vous dis que je n'ai rien... (A part.) En voilà un mulet ! (Tirant sa montre.) Mon Dieu !... mais le temps marche !...

CHANDRÉ.

Ainsi, vous n'avez pas ?...

FÉLIX.

Eh ! non !... (Il veut passer.)

CHANDRÉ.

C'est bien étrange !

FÉLIX, qui allait sortir.

Quoi ?

CHANDRÉ.

Il n'y avait que vous ici, au bout du compte.

FÉLIX, revenant.

Eh bien ?

CHANDRÉ, avec force.

Eh bien ! il est extraordinaire que vous ne l'ayez pas trouvée, voilà ! je ne farde jamais ma pensée.

FÉLIX.

Qu'est-ce que ça veut dire ?... vous croyez que je vous ai filouté votre épingle ?...

CHANDRÉ.

Je n'ai pas dit filoutée... j'ai dit trouvée.

FÉLIX, criant.

Mais c'est la même chose !

CHANDRÉ.

Alors !...

* Félix, Chandré.

2

FÉLIX.
Mais savez-vous que vous m'ennuyez, vous ?
CHANDRÉ.
Mais, enfin, monsieur, pourquoi donc étiez-vous si pressé de partir quand vous m'avez vu chercher mon bijou...
FÉLIX.
Eh bien ! est-ce que je vous dois des comptes.
CHANDRÉ.
Soit ! mais enfin, ce n'est pas naturel, ce bijou perdu ici... ce bijou perdu dans une maison honnête... ce bijou perdu...
FÉLIX.
Ce bijou perdu !... ce bijou perdu !.. Ah ! que j'aime donc mieux quand c'est madame Cabel qui le chante !
CHANDRÉ.
Bon ! bon ! moquez-vous !... mais enfin suffit ! j'ai mon opinion.
FÉLIX.
Ah !... prenez garde...
CHANDRÉ.
Je ne farde jamais ma pensée, monsieur !
FÉLIX.
Ah ! mais dites donc ! je vais vous farder les oreilles, moi !...
CHANDRÉ.
C'est ce que nous verrons, monsieur ! (Il se boutonne crânement et pousse un cri.) Ah !
FÉLIX.
Ah !... vieil entêté ! la voilà votre épingle !
CHANDRÉ, qui a porté la main à sa poitrine.
Elle était dans mon épigastre !
FÉLIX.
Ah ! c'est bien heureux ! (Il va s'élancer dehors.)
CHANDRÉ, l'arrêtant,
Ah ! monsieur ! vous ne partirez pas avant d'avoir reçu mes excuses.
FÉLIX, à part.
Bon ! voilà autre chose !... (Haut.) Mettez-les là, je les prendrai tout-à-l'heure.
CHANDRÉ.
Je suis désolé !
FÉLIX, même jeu.
Ça m'est égal.

SCÈNE XIV.

LES MÊMES, BOISSOT.*

CHANDRÉ, l'apercevant.
Ah ! quelqu'un ! tant mieux !... la réparation n'en sera que plus éclatante...

* Félix, Chaudré, Boissot.

SCENE XIV.

FÉLIX rageant.

Oh!...

BOISSOT.

Qu'y a-t-il?

CHANDRÉ.

Il y a que j'ai osé douter de monsieur, et que je le prie, que je le supplie de me pardonner.

FÉLIX.

C'est entendu !

BOISSOT, à Chandré.

Votre action est d'un galant homme. Il n'y a pas à rougir de... (Retenant Félix.) Vous ne pouvez refuser... *

FÉLIX.

A l'autre à présent !

BOISSOT.

Les excuses loyales de monsieur Chandré.

FÉLIX, criant.

Mais puisque je les accepte...

BOISSOT.

Je ne vous ferais pas faire quelque chose de contraire à votre honneur... car je sais ce que c'est... j'ai eu plusieurs affaires... et certes j'en aurais beaucoup voulu à quelqu'un qui...

FÉLIX.

Laissez-moi passer... (Criant.) Laissez-moi passer !...
(Un domestique passe avec du punch.)

BOISSOT.

Pas avant que vous n'ayez trinqué avec ce cher monsieur Chandré et avec moi...

FÉLIX.

Eh bien ! dépêchons-nous... (Tirant sa montre.) Onze heures, quinze minutes !...** (Il trinque vivement avec Chandré, puis veut trinquer avec Boissot.)

BOISSOT, reculant son verre à chaque fois que Félix veut trinquer, parce qu'il tient à finir sa phrase avant.

Une fois, tenez, à mon dernier duel, j'étais à Arras... il y avait là en garnison le 12e chasseurs... je me promenais sur l'esplanade, avec une jeune dame que j'avais connue dans le midi lors d'une... (Félix, impatienté, a vidé son verre, l'a remis sur le plateau et remonte.*** — Boissot gravement, reposant son verre plein.) Monsieur... vous refusez de trinquer avec un galant homme !... et... vous êtes bien heureux que je n'aie plus mes épaulettes.

FÉLIX, éclatant.

Allez les mettre et fichez-moi la paix...

BOISSOT, qui s'est avancé gravement.

Monsieur !...

* Félix, Boissot, Chandré.
** Boissot, Félix, Chandré.
*** Chandré, Boissot, Félix.

FÉLIX.

Allez au diable! (Il s'élance dehors.)

BOISSOT, criant.

Monsieur, monsieur!... j'ai été adjudant pendant seize ans... et je suis à vos ordres. (Il redescend furieux.)

SCÈNE XV.

BOISSOT, CHANDRÉ. *

BOISSOT, furieux.

Refuser de trinquer avec moi!... c'est d'une impertinence! (Il va au plateau et prend un verre.)

CHANDRÉ, s'empressant de trinquer.

C'est vrai!

BOISSOT.

Il jouait gros jeu, voyez-vous!

CHANDRÉ.

Mais!... (Il trinque bien vite.)

BOISSOT.

Cela valait un soufflet... (Même jeu.) et un bon coup d'épée.

CHANDRÉ.

Tiens! ceci me rappelle...

BOISSOT.

Cela me fait souvenir...

CHANDRÉ, s'arrêtant.

Après vous...

BOISSOT.

Non pas... allez donc!

CHANDRÉ.

Je n'en ferai rien.

BOISSOT.

Vous êtes mon ancien.

CHANDRÉ, calin.

Mais vous avez été mon adjudant...

BOISSOT.

Oh! je n'ai plus d'épaulettes... enfin...

CHANDRÉ.

Puisque vous le voulez...

ENSEMBLE.

CHANDRÉ.

C'était dimanche, j'avais été dîner tout seul... chez le traiteur... Ah! monsieur, comme on est mal servi à Paris.

BOISSOT.

A Arras... j'allais au café des officiers... eh bien! impossible de se faire servir quand ils étaient là... j'ai changé de café.

---

* Chandré, Boissot.

SCÈNE XVI.

CHANDRÉ.

Ça m'a coûté trois francs.

BOISSOT.

Quoi ?

CHANDRÉ.

La carte.

BOISSOT.

Quelle carte ?

CHANDRÉ.

La carte de mon dîner.

BOISSOT.

Quel dîner ?

CHANDRÉ.

Au restaurant.

BOISSOT.

Quel restaurant ?

CHANDRÉ.

Celui où j'ai dîné !

BOISSOT.

Vous m'ennuyez. (Il sort.)

CHANDRÉ, riant du bout des lèvres.

Il est bien drôle !... il est bien drôle !... mais du reste, c'est un bien bon enfant ! (Il sort du côté opposé, Félix se précipite en scène, venant du côté opposé du fond, et tombe sur un fauteuil.)

SCÈNE XVI.

FÉLIX, seul.

Ouf !... ah ! quelle course à la veuve !... j'en deviendrai fou ! je crois reconnaître Julie au fond du premier salon... alors, je m'élance au travers d'une pastourelle et j'accroche une dame, dont la robe tenait la moitié du quadrille... une dame, grosse comme ça par en haut... (Il montre son doigt.) et comme ça par en bas... (Il ouvre démesurément les bras.) elle avait l'air d'une raquette... Bref ! je déchire son volant... et elle m'appelle imbécile !... je me recule, et je flanque par terre une affreuse petite fille, qui faisait des grâces avec un cavalier seul qui était son papa... Le papa me traite de butor... je veux relever l'enfant et je me cogne le front contre celui de madame Chabanel, qui pleurait sur une tapisserie représentant le cheval du trompette... L'enfant pialle... madame Chabanel tombe sur son cheval du trompette... je la laisse là !... je m'élance dans un couloir peu éclairé et je me heurte contre un grand jeune homme à favoris rouges, qui venait de quitter brusquement une petite dame à cheveux noirs, en voyant venir un gros vieux à perruque blanche. La dame me saisit le bras, m'emporte dans le bal, me force à faire trois tours de valse, et me lâche ensuite en face du vieux monsieur qui m'offre sa carte... (Furieux.) Et on détruit les rats...

Air :

On détruit les rats !... et je trouve
Qu'ils causent pourtant moins de maux !
On fait la chasse, et je l'approuve,
A certains petits animaux,
Avec une eau qui fait merveille !
Or, à celui qui l'inventa,
Moi, j'en demande une pareille,
Pour détruire tous ces gens-là !

(Très-agité.) Et avec tout ça, je n'ai pas pu rejoindre mon inconnue... et il est onze heures trente-deux minutes !... (Regardant au fond.) Dieu ! c'est elle !... Julie... elle vient de ce côté, ô bonheur !

SCÈNE XVII.

FÉLIX, JULIE, puis MANTOIS, et son chien.

FÉLIX, suppliant.

Madame !

JULIE, au fond.

Monsieur !... (Elle veut l'éviter.)*

FÉLIX.

Madame, au nom de tout le paradis ! ne me fuyez pas !... vous m'avez condamné tantôt, et franchement je ne l'avais pas volé, à un certain point de vue, mais j'en appelle à cette heure, je demande un sursis !... j'ai des révélations à faire...

JULIE, toujours sur le seuil.

Des révélations ?

FÉLIX.

Oui, madame... d'abord j'ai des complices...

JULIE.

Ah !...

FÉLIX.

Le désespoir et l'amour.

JULIE, qui a fait quelques pas.

L'amour !... en vérité, après tout ce que vous m'avez dit...

FÉLIX.

C'était pour rire... d'abord je ne vous reconnnaissais pas, vous, mon sauveur ! mon terre-neuve !... mais je vous aime...

JULIE, avec incrédulité.

Oh !...

FÉLIX.

Et si je vous le prouve... eh bien ! vous allez voir.

(Julie est peu à peu tout-à-fait redescendue ; Félix ferme la porte par laquelle elle est entrée.)

* Félix, Julie.

SCÈNE XVII.

JULIE.

Que faites-vous ?

FÉLIX.

N'ayez pas peur... * c'est pour ne pas être dérangés.

JULIE.

Mais...

FÉLIX.

L'affaire doit être jugée à huis clos.
(Il s'élance pour aller fermer une autre porte et s'embarrasse dans la corde du chien de Mantois qui vient d'entrer par la gauche.)

MANTOIS.

Arrêtez, monsieur, arrêtez !...

FÉLIX, à part, avec colère.

Allons, bon !... l'oncle ! **
(Julie s'assied près d'un guéridon et parcourt des albums.)

MANTOIS débarrassant son chien.

Que le bon Dieu vous bénisse !... vous avez failli étrangler mon chien.

FÉLIX.

Je suis désolé...

MANTOIS.

Vous êtes désolé... vous êtes désolé... mais vous n'en avez pas moins failli l'étrangler.

FÉLIX.

Par bonheur il n'en est rien.

MANTOIS.

Mais ce n'est pas votre faute... vous y alliez... (A Julie.) N'est-ce pas, ma nièce ?

JULIE.

Mon oncle !

MANTOIS

Je ne comprends pas qu'on ne voie pas devant soi.

FÉLIX.

Je regrette vivement...

MANTOIS.

Vous pouviez aussi bien lui écraser la patte... et alors que serait-il arrivé ?

FÉLIX, cherchant à se rapprocher de Julie.

Ah ! je ne sais pas.

MANTOIS.***

Mais il vous aurait mordu, sans le vouloir, car il n'est pas méchant, n'est-ce pas Julie ?

JULIE.

Non, mon oncle.

* Julie, Félix.
** Julie, Félix, Mantois.
*** Julie, Mantois, Félix.

MANTOIS.

Ces bêtes... la douleur les emporte... nous mêmes, nous sommes comme ça, est-ce vrai ?...

FÉLIX.

Oui, oui, oui.

MANTOIS, à Julie.

Tu as à causer avec monsieur, ma nièce ?

JULIE.

Mon oncle...

FÉLIX, vivement.

Oui, oui, monsieur.

MANTOIS.

Recommande-lui bien d'être moins étourdi à l'avenir.

JULIE, impatientée.

Je vous le promets.

MANTOIS.

Allons... je vous laisse... du reste, je ne faisais que passer... car Azor désirait descendre.

FÉLIX.

Je comprends... (Caressant le chien.) Pauvre bête !... la chaleur, la musique... * Adieu, monsieur, adieu ! (Il va à Julie, à mi-voix.) Enfin, chère Julie, je puis donc vous donner une preuve de cet amour dont vous doutez peut-être.

MANTOIS, s'arrêtant et regardant le collier du chien..

Ah ! sapristi !

JULIE.

Prenez garde !

FÉLIX.

Comment ! il est encore là !

(Mantois a posé le chien sur une table et arrange son collier qui est défait.)

MANTOIS.

Je ne vous dérangerai pas longtemps.

FÉLIX, bouillant d'impatience.

Voulez-vous que je vous aide ?

MANTOIS.

Non, merci... c'est le porte-mousqueton qui est cassé, mai je vais y mettre un cordon. (Il continue.)

FÉLIX, à part.

Ah ! qu'il s'arrange !... (Bas à Julie.) Vous saurez donc qu depuis le bienheureux jour où vous m'avez sauvé la vie...

MANTOIS, qui a amené son chien près de Julie.

Julie !... attache moi donc ça.**

FÉLIX, à part.

Ah ! s'il n'était pas son oncle.

* Julie, Félix, Mantois.
* Félix, Julie, Mantois.

SCENE XVII.

JULIE, Julie a fait ce qu'il demande.

Voilà, mon oncle.

MANTOIS, à Félix.

Les femmes, voyez vous, ont bien plus d'adresse que nous. Merci, mon enfant... Viens, Azor...

FÉLIX, poussant le chien.

Va, mon petit, va...

(Mantois se dirige vers la droite.)

MANTOIS.

Je vous laisse causer... Dieu merci! je ne suis pas de ces gens qui ne voient jamais quand ils peuvent gêner.. j'en suis même ridicule. (A Julie.) Tu te souviens de ce jour où nous étions à à la campagne, chez madame Panel...

FÉLIX, s'essuyant le front.

Oh! c'est à le mordre!

MANTOIS.

Eh bien! je suis parti de force... je m'étais imaginé que je gênais... et bien à tort assurément... car cette bonne madame Panel...

FÉLIX, à Julie qui veut s'en aller.

Madame, je vous en prie...

MANTOIS, à Félix.

Vous devez la connaître... elle vend des casquettes.

FÉLIX, se rongeant les poings, d'une voix sourde.

Monsieur, Azor regarde la porte... prenez garde!

MANTOIS.

Je vous laisse, car je ne suis pas de ces gens qui restent obstinément...

FÉLIX, se contenant.

Air :

C'est entendu! c'est entendu!

MANTOIS, revenant toujours.

Dieu merci! de cette manie,

FÉLIX.

C'est entendu!   (*bis*.)

MANTOIS.

Je me suis toujours défendu
Dès que je crois gêner, bien vite,
Discrètement, je pars... ensuite...

FÉLIX, le poussant dehors.

C'est entendu!   (*bis*.)

(Mantois veut rentrer.)

Julie, Félix, Mantois.

FÉLIX, avec rage, en fermant la porte.

C'est entendu !   (bis.)

(FÉLIX, tirant sa montre, revenant à Julie.) * Chère Julie... faut-il que je vous aime, hein ? pour digérer votre oncle !...

JULIE.

Oui, c'est déjà une petite preuve, mais...

FÉLIX.

Voilà la grande... chère Julie, il y a à Amiens...

(Boissot qui est entré sur une ritournelle, s'avance vivement.)

BOISSOT, à Julie.*

Madame...

FÉLIX, bondissant.

Encore un ! ah ! c'est trop fort !

BOISSOT.

Madame, s'il vous en souvient, vous me promîtes une cracovienne.

JULIE.

Mon Dieu, monsieur...

BOISSOT, faisant de mauvais yeux à FÉLIX.

Je la possède assez bien.. je la dansais souvent à Arras, au bal de la Redoute, où allaient ordinairement les officiers du 12ᵉ chasseurs.

JULIE, à Boissot.

Monsieur, je suis à vous dans un instant.

BOISSOT.

Impossible, madame, vous entendez l'orchestre !

(Il l'emmène en disant cela.)

JULIE, bas à Félix, en passant près de lui.

Il le faut !... (Elle sort.)

FÉLIX, furieux.

Mille tonnerres !... j'en suis resté sur Amiens encore !... De quoi va-t-elle croire que je voulais lui parler ?... (Tirant sa montre.) Minuit moins douze... oh ! je n'en aurai pas le démenti ! et si quelqu'un s'oppose... (Félix va s'élancer, Mantois reparaît, il tient à la main la corde d'Azor et est tout bouleversé.)

SCÈNE XVIII.

FÉLIX, MANTOIS. **

MANTOIS.

Monsieur ! monsieur !...

FÉLIX.

Quoi ?

MANTOIS, aux cents coups.

Il n'est pas rentré...

* Julie, Boissot, Félix.
** Félix, Mantois.

FÉLIX.
Qui ?...
MANTOIS.
Azor !...
FÉLIX.
Ah! au diable!... (Il va pour sortir; paraissent Hector, puis madame Chabanel et Antonine; Mantois court après son chien.)

SCÈNE XIX.

LES MÊMES, HECTOR, puis MADAME CHABANEL et ANTONINE.

HECTOR, saisissant Félix au collet. *
Ah! je vous retrouve! vous vous êtes moqué de nous... vous allez me rendre raison...
FÉLIX.
Voulez-vous me lâcher!... sacrebleu! (Il va sortir encore et tombe entre madame Chabanel et Antonine.)
MADAME CHABANEL.
Une querelle! arrêtez !...**
HECTOR.
Marchons !
FÉLIX.
Dans une heure !
ANTONINE.
Ah !... (Antonine tombe sur un fauteuil.)
MADAME CHABANEL, avec un cri.
Ah! monsieur! elle se trouve mal!
FÉLIX.
C'est bon!... je vais vous chercher la Faculté !...
HECTOR.
Vous ne partirez pas !...
MADAME CHABANEL.
Monsieur !... c'est votre vue seule qui peut la sauver.***
FÉLIX.
Qu'est-ce que vous dites ?
MADAME CHABANEL.
Ne comprenez-vous pas qu'elle vous aime ?
HECTOR.
Hein ?
MADAME CHABANEL.
Elle vous aime... depuis ce baiser...
HECTOR.
Un baiser !

* Félix, Hector.
** Antonine, madame Chabanel, Félix, Hector.
*** Antonine, Félix, madame Chabanel, Hector.

FÉLIX.

Eh bien ! quoi ! ce baiser, il n'a pas eu de suites !

MADAME CHABANEL.

Vous la croyez pauvre, peut-être... eh bien ! je vous avouerai tout...

FÉLIX.

Je ne veux rien savoir !

HECTOR.

Comment, monsieur, la quitter ainsi !

MADAME CHABANEL.

Apprenez qu'elle est mon unique héritière, monsieur, car elle n'est pas ma nièce... (Avec des larmes.) Elle est ma fille !

HECTOR ET FÉLIX.

Sa fille !...

ANTONINE, se redressant, avec un cri. **

Ah ! ma mère !...

(Elle se jette dans les bras de Félix.)

MADAME CHABANEL, même jeu.

Mon enfant ! ma fille !...

FÉLIX, se débattant dans ces étreintes.

Vous m'étouffez ! sacrebleu ! et Julie !... Julie !... je vais leur passer sur le corps ! (Minuit sonne à droite. — Madame Chabanel, entraîne doucement sa fille, au fond, à gauche.)

HECTOR, avec joie.

Ah ! minuit !... elle est à moi !

FÉLIX.

Minuit !... plus d'espoir !

HECTOR.

Plus du tout ! mon cher monsieur Champagniel, plus du tout !

(Minuit commence à sonner à gauche.)

FÉLIX.

Si !... l'autre avance... (Apercevant Julie qui passe au fond en valsant.) La voilà ! (Criant.) Madame ?

HECTOR, l'arrêtant.

Vous ne l'approcherez pas !

FÉLIX.

Laissez-moi passer !...

HECTOR.

Jamais !... vous me tuerez avant...

FÉLIX.

S'il ne faut que ça..: (Il le repousse. — Le dernier coup de minuit retentit.) Plus rien !...

HECTOR, avec joie.

Ah ! cette fois, l'heure est bien passée, j'espère ?

* Antonine, Hector, Félix, madame Chabanel.
** Hector, Antonine, Félix, madame Chabanel.

FÉLIX.
Nom d'un chien !... (On entend retentir un coup dans une autre chambre.) Ah !... (Il ouvre la porte de la chambre — Avec découragement.) Celle-là marque minuit et quart !

SCÈNE XIX.

LES MÊMES, TOUT LE MONDE,[*]
(Julie paraît.)

FÉLIX, courant à elle.
Ah ! madame !... il est trop tard ?

JULIE.
C'est votre faute...

FÉLIX.
Comment !... il n'y a plus aucun moyen ?...

JULIE.
J'ai juré...

FÉLIX, avec désespoir.
C'est bien !... je vais me jeter à l'eau... (Criant.) Mon chapeau.
(On entend sonner l'heure à une horloge éloignée.)

FÉLIX, avec un cri de joie.
Saint-Eustache !... je me règle sur Saint-Eustache...

HECTOR, allant à Félix.
Monsieur, je vous ai provoqué !

FÉLIX.
J'ai encore le temps !... (A Julie.) Madame...

HECTOR.
Oh ! vous me suivrez !...

FÉLIX.
Il y a dans la ville d'Amiens...

HECTOR.
Six !...

FÉLIX, très-vite.
Une riche héritière que j'ai refusée parce que je vous aimais...

HECTOR.
Sept !...

FÉLIX.
Aujourd'hui je vous adore et je vous offre ma main.
(L'heure sonne toujours.)

JULIE, hésitant.
Mais...

FÉLIX, comptant.
Huit !...

HECTOR.
M'échapperait-elle ?

[*] Félix, Julie, madame Prunier, Hector.

FÉLIX.
Je tombe à vos pieds... (Il se met à genoux.)
HECTOR.
Neuf!
FÉLIX.
Madame, au nom du ciel...
HECTOR.
Dix!...
FÉLIX.
Dites que vous acceptez ou je me tue à vos yeux!...
HECTOR.
Onze!...
(Julie, poussée par madame Prunier, met sa main dans celle de Félix.)
HECTOR, furieux.
Ah!
FÉLIX, avec joie.
Douze!... ah! il était temps! chère Julie!... on ne m'empêchera donc plus!...
BOISSOT, s'approchant.
Madame... s'il vous en souvient... vous me promites cette...
FÉLIX.
Oh!... madame est invitée!...

FÉLIX.
Air de Mangeant.
Ah! je puis donc, ma charmante Julie,
Vous dire enfin...
CHANDRÉ
Monsieur!... monsieur!... vous n'avez pas trouvé un parapluie vert-pomme?... ah! c'est terrible!... c'est ma sœur qui me l'avait prêté!
FÉLIX, à Julie.
(Parlé.) Ne faites pas attention... (Continuant.)
    Par ma tendresse
    Je veux sans cesse
    Serrer plus fort...
CHANDRÉ.
L'avez-vous?
FÉLIX.
(Parlé.) Non! (Il embrasse la main de Julie.)
JULIE.
    Ah! prenez garde!
    On nous regarde.
FÉLIX.
    Sous mes baisers...

SCÈNE XIX.

MANTOIS, joyeux.
Monsieur!... monsieur!... Azor est retrouvé!... il était dans la Rue-Basse.

FÉLIX.
C'est bon!... tant mieux!
Oui, mon amour...

FRANÇOIS, lui présentant un horrible chapeau.
Monsieur!... voici votre chapeau!

Ah! j'atteste
Qu'elle est trop forte!... oui! c'est un parti pris!

CHANDRÉ, à Félix.
Je l'avais sous le bras!

MANTOIS, à Julie.
Embrasse-le un peu!

FRANÇOIS.
C'est dix sous pour le chapeau.

(Tous trois en même temps.)

FÉLIX.
Résignons-nous, je vous dirai le reste
Quand ces fâcheux enfin seront partis!

ENSEMBLE.
Résignons-nous, nous nous dirons le reste
Quand ces fâcheux enfin seront partis!

(Valse générale.)

FIN.

Clermont (Oise). — Imp. A. DAIX, rue de Condé, 58.

www.ingramcontent.com/pod-product-compliance
Lightning Source LLC
Chambersburg PA
CBHW060513050426
42451CB00009B/963